AF175786

škola - 學校	2
dromaripe - 旅行	5
transporti - 交通運送	8
diz - 城市	10
pejzaži - 地形	14
restorani - 餐館	17
supermarket - 超市	20
piiba - 飲料	22
habe - 食物	23
farma - 農場	27
kher - 房子	31
bešimaski kamara - 客廳	33
kujna - 廚房	35
banya - 浴室	38
čhavengi kamara - 兒童房	42
šeja - 衣服	44
ofiso - 辦公室	49
ekonomia - 經濟	51
profesie - 職業	53
alatia - 工具	56
muzikane instrumentia - 樂器	57
zoo - 動物園	59
sportia - 體育	62
aktivitetia - 活動	63
familiya - 家	67
trupo - 身體	68
hospitalo - 醫院	72
sigyaripen - 緊急情形	76
phuv - 地球	77
saato - 鐘錶	79
kurko - 週	80
berš - 年	81
forme - 形狀	83
boje - 顏色	84
mamujipena - 反義詞	85
gende - 數字	88
ćhiba - 語言	90
ko / so / sar - 誰/什麼/如何	91
kote - 方位	92

Impressum
Verlag: BABADADA GmbH, Nedderfeld 112 , 22529 Hamburg
Geschäftsführer / Verlagsleitung: Harald Hof
Druck: Books on Demand GmbH, In de Tarpen 42, 22848 Norderstedt

Imprint
Publisher: BABADADA GmbH, Nedderfeld 112 , 22529 Hamburg, Germany
Managing Director / Publishing direction: Harald Hof
Print: Books on Demand GmbH, In de Tarpen 42, 22848 Norderstedt

škola

學校

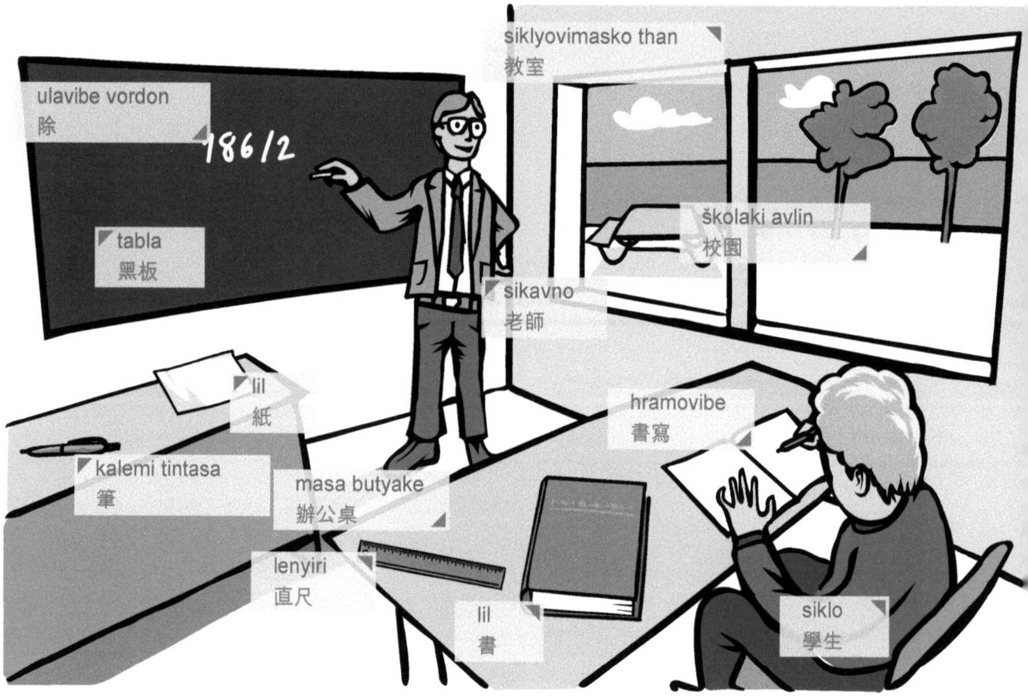

siklyovimasko than
教室
ulavibe vordon
除
186/2
tabla
黑板
sikavno
老師
školaki avlin
校園
lil
紙
hramovibe
書寫
kalemi tintasa
筆
masa butyake
辦公桌
lenyiri
直尺
lil
書
siklo
學生

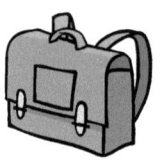

dumeski tašna

書包

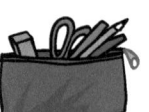

kalemengi kutia

鉛筆盒

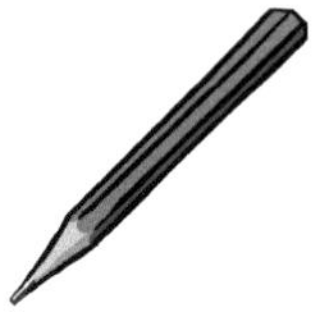

kalemi

鉛筆

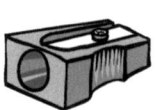

kalemengi čhurori

削鉛筆機

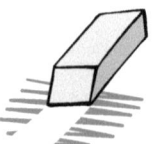

kosimaski guma

橡皮擦

čitrimasko bloko

畫板

čitribe
....
圖畫

boyimaski frča
....
畫筆

boyimaski kutia
....
顏料盒

kata
....
剪刀

lepako
....
膠水

bukjardarimasko lil
....
練習冊

khereski buti
....
家庭作業

gendo
....
數字

džide
....
加

ikal
....
減

multiplicirin
....
乘

kalkulirin
....
計算

hramome lil
....
字母

alfabeta
....
字母表

hello

lafo
....
字

teksti

課文

drabaribe

讀

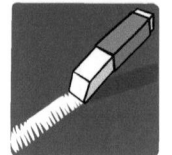

kreda

粉筆

lekciya

上課

Klasesko registro

登記

egzameni

考試

sertifikato

證書

školaki uniforma

校服

edukacia

教育

enciklopedia

百科全書

univerziteto

大學

mikroskopo

顯微鏡

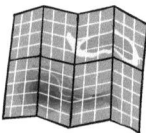

mapa

地圖

korpa čhudimaske lila

廢紙簍

hoteli
飯店

Grand

Lačhi blevel!
青年旅社

biro baši devize
外幣兌換處

EXCHANGE

koferi
手提箱

vordon
汽車

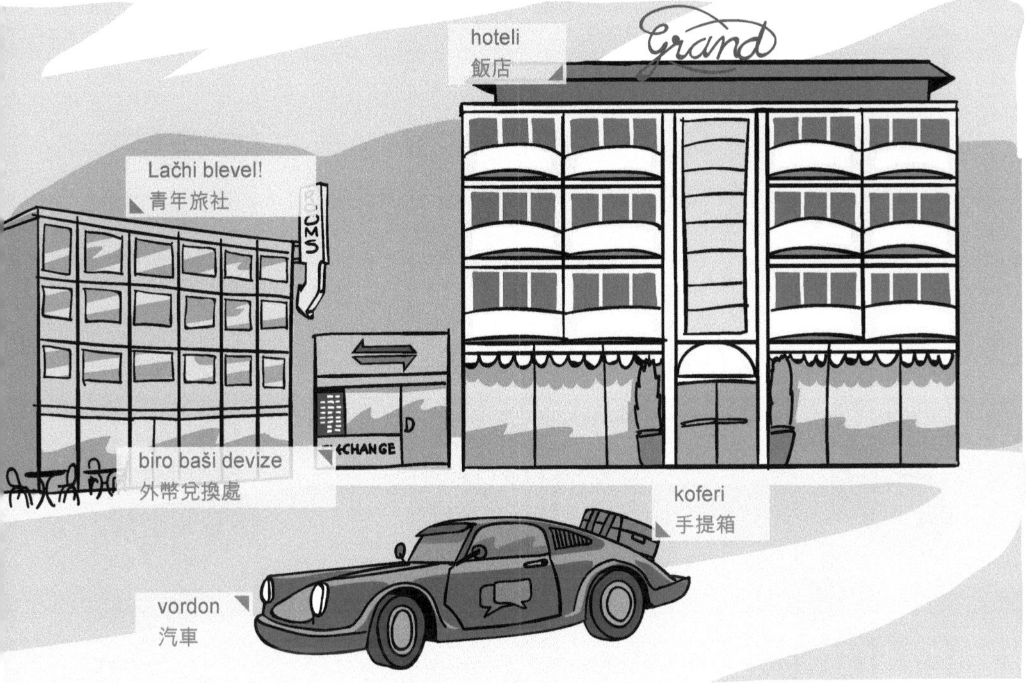

ćhib
語言

va / na
是/否

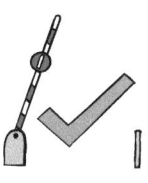

Okay
好的

Namaste
您好

tumači
翻譯人員

Ov sasto
謝謝

Kozom si...?

......多少錢？

Na havava

我不明白

problemo

問題

Lačhi rat!

晚上好！

Lačhi javin!

早上好！

Lačhi rat!

晚安！

ačhon Devlesa

再見

dromeski sikavin

方向

bagaži

行李

gono

包

dumesko gono

背包

misafiri

客人

kamara

房間

sovimasko gono

睡袋

cerha

帳篷

turistikani informacia

旅行資訊

plaža

海灘

kreditno kartica

信用卡

javinako habe

早餐

kušluko

午餐

ratyako habe

晚餐

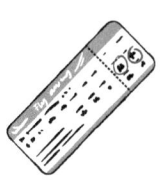

karta

票

elevatori

電梯

marka

郵票

simantra

邊界

adetia

海關

ambasada

大使館

viza

簽證

pašaporti

護照

transporti
交通運送

avioni
飛機

baro vapori
船

jagako motori
消防車

autobusi
公車

kamionia
卡車

vapori ko motori
汽艇

biciklo
腳踏車

vordon
汽車

feri vapori

渡輪

vapori

小船

motorciklo

機車

policiako vordon

警車

prastamasko vordon

賽車

rentakar

租車

transporti - 交通運送

ulavibe vordon

拼車

rumosardo kamioni

拖車

kamionengo than

垃圾車

motori

馬達

petroli

汽油

petrolesko stasioni

加油站

trafikoskere išaretia

交通標識

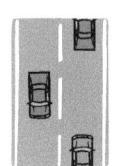

trafiko

交通

baro trafiko

交通堵塞

vordonesko parkirimasko than

停車場

pampurengo stasioni

火車站

kamionia

軌道

pampuri

火車

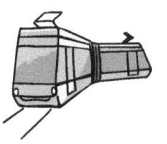

tramvaj

路面電車

vagoni

客車廂

helikopteri

直升機

aeroporti

機場

kula

塔

dromarutno

乘客

kontejneri

集裝箱

kartoni

紙板箱

vordonoro

手推車

sevli

籃子

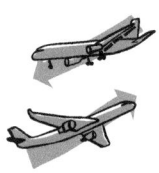

urjalipasko starto /
urjalipasko agor

起飛/降落

diz

城市

gav

村莊

dizyako centro

市中心

kher

房子

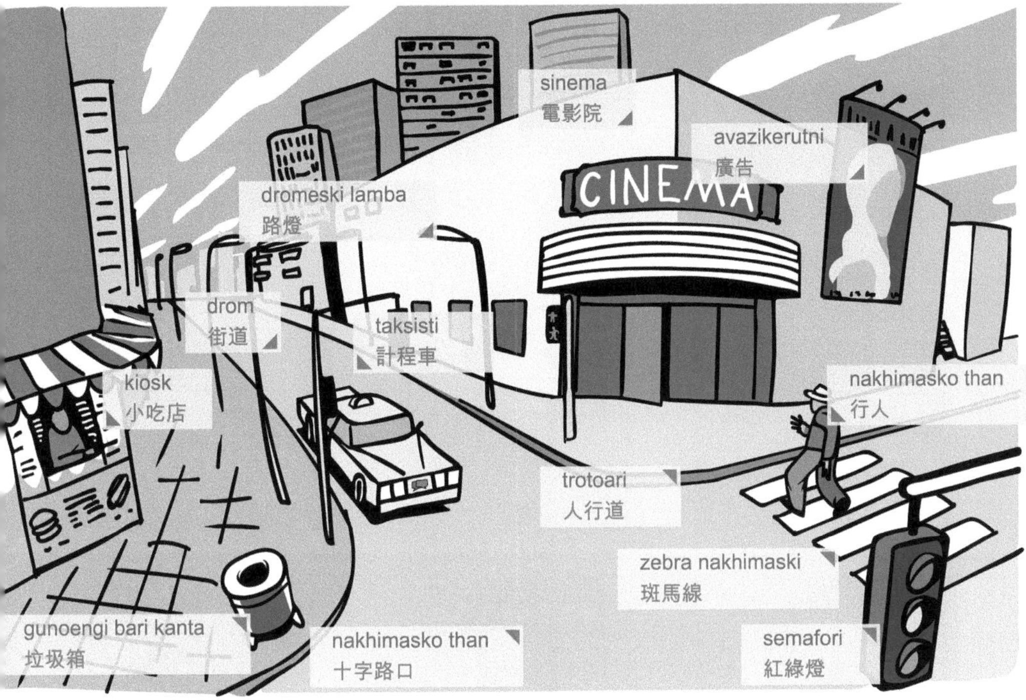
sinema
電影院
avazikerutni
廣告
CINEMA
dromeski lamba
路燈
drom
街道
taksisti
計程車
kiosk
小吃店
nakhimasko than
行人
trotoari
人行道
zebra nakhimaski
斑馬線
gunoengi bari kanta
垃圾箱
nakhimasko than
十字路口
semafori
紅綠燈

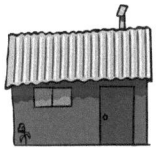

koliba

小屋

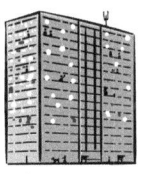

apartmani

公寓

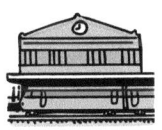

pampurengo stasioni

火車站

dizyaki sala

市政廳

MUSEUM

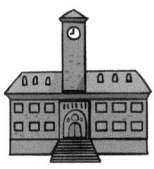

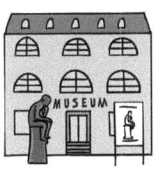

muzeji

博物館

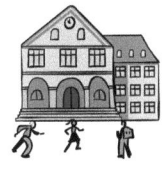

škola

學校

univerziteto

大學

banka

銀行

hospitalo

醫院

hoteli

飯店

apoteka

藥房

ofiso

辦公室

lil bikinimasko than

書店

dukyano

商店

lulugengo bikinutno

花店

supermarket

超市

kurko

市場

baro bikinimasko kher

百貨商店

mačhengo astarutno

魚店

kinimasko centro

購物中心

vaporengo ačhovimasko than

海港

parko

公園

klupa

長凳

purt

橋

merdevenya

樓梯

metro stasioni

捷運

tuneli

隧道

autobuseski adžikerin

公車站

bar

酒吧

restorani

餐館

poštako mohto

郵筒

dromesko išareti

路標

parking than

停車計時器

zoo

動物園

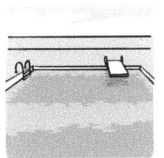

nangyovimasko bazeni

游泳池

džamiya

清真寺

farma

農場

melalipe

污染

limorengo than

墓地

khangeri

教堂

khelimasko than

操場

hramo

寺廟

pejzaži

地形

patrin
樹葉

išareti
指示牌

drom
路

livazin
草地

bar
石頭

kašt
樹

phiravno
徒步旅行者

len
河

čar
草

luludi
花

harno than

峽谷

bairi

丘陵

devrijal

湖

veš

森林

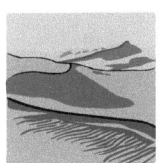

mulano than

沙漠

vulkano

火山

saraji

城堡

renkali badalin

彩虹

gaba

蘑菇

palma kašt

棕櫚樹

sivrija

蚊子

mak

蒼蠅

karandža

螞蟻

birumni

蜜蜂

pauko

蜘蛛

buba

甲蟲

žamba

青蛙

ververica

松鼠

kanzauri

刺蝟

šošoj

野兔

buf

貓頭鷹

pakšin

鳥

lebedi

天鵝

bali

野豬

eleno

鹿

eleno

麋鹿

pani garavin

水壩

bavlalaki turbina

風力發電機

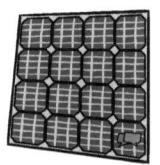

solarno paneli

太陽能電池板

klima

氣候

restorani
餐館

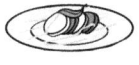

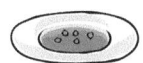

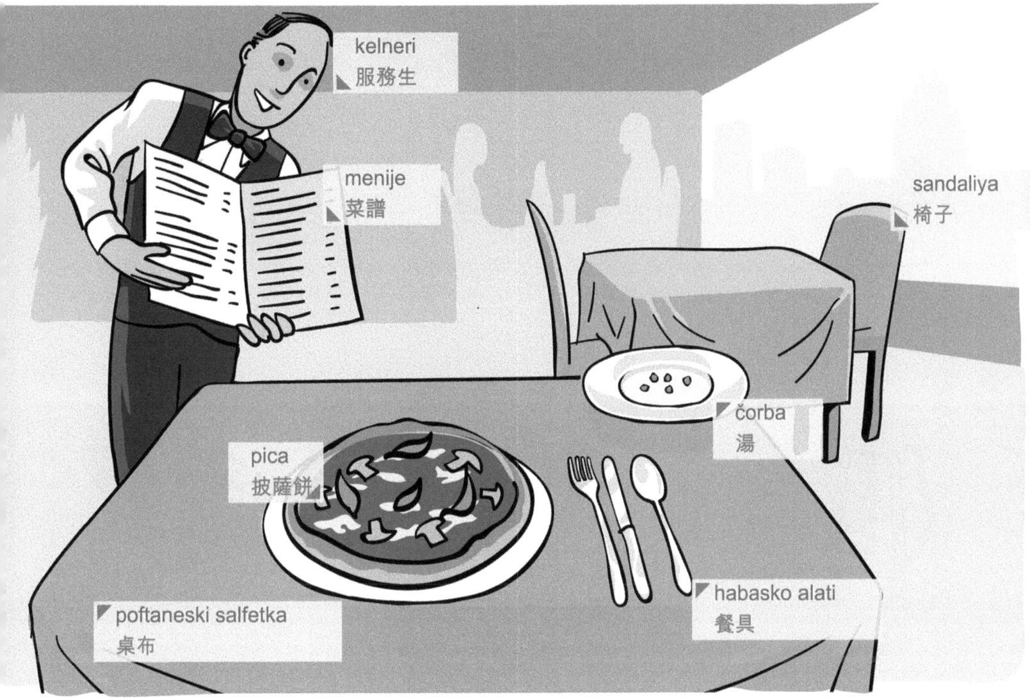

kelneri
服務生
menije
菜譜
sandaliya
椅子
čorba
湯
pica
披薩餅
habasko alati
餐具
poftaneski salfetka
桌布

avgo habe

前菜

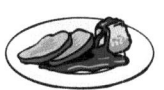

šerutno habe

主菜

gudlimata

甜點

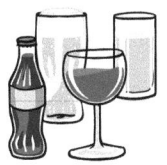

piiba

飲料

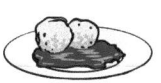

habe

食物

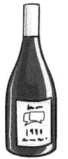

šiša

瓶子

fast food

速食

sokakongo habe

街邊小吃

čajniko

茶壺

šekereskoro čaroro

糖盒

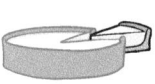

porcia

一份飯菜

makina vaš espresso

義式咖啡機

uči sandaliya

高腳椅

esapi

帳單

apladiya

托盤

čhuri

刀

vilyuška

餐叉

roj

勺子

čajeski roj

茶匙

salfetka

餐巾

tahtai

玻璃杯

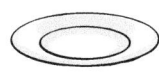

čaro

碟子

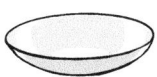

čaro čorbake

湯盤

hor čaro

碟子

sosi

醬

londesko čaroro

鹽瓶

kale biberesko pišlo

胡椒研磨罐

šut

醋

zejtini

食用油

začinia

調味料

kečap

番茄醬

senf

芥末

majonezi

美乃滋

supermarket

超市

specialno oferta
特價
FOR
mušteriya
顧客
thudeske butya
乳製品
emiši
水果
vordonoro
購物車

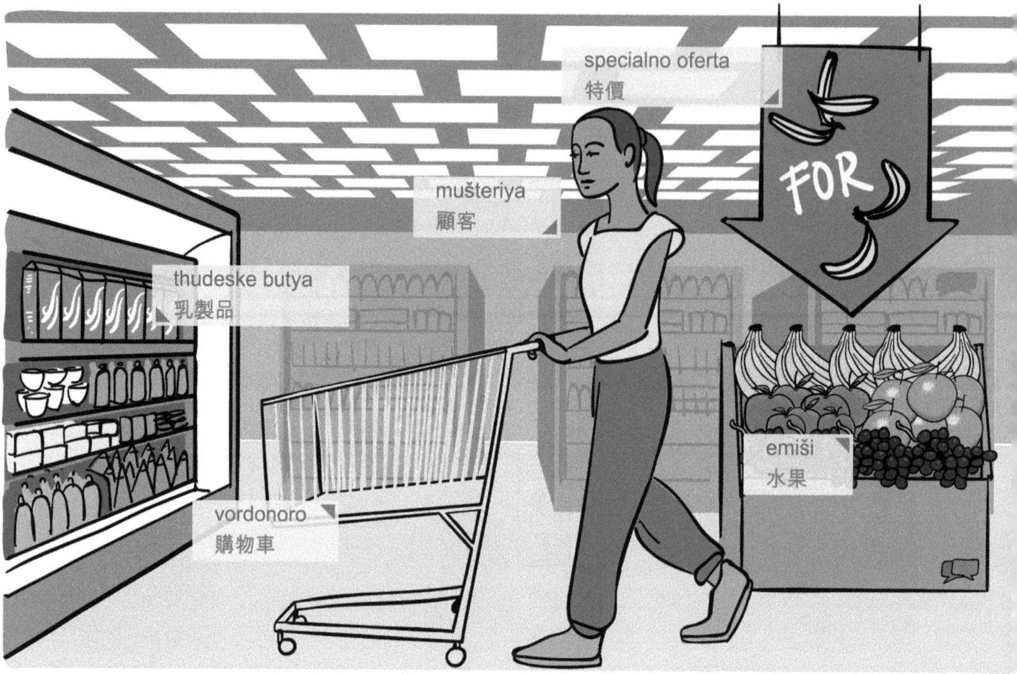

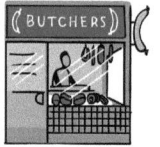

BUTCHERS

kasapi

肉鋪

BAKERY

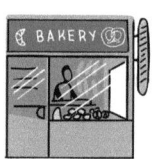

furuna

麵包店

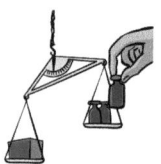

ladavipe

稱重

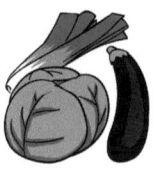

zarzavati

蔬菜

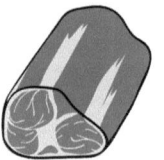

masesko rolati

肉

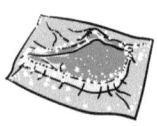

pahome habe

冷凍食品

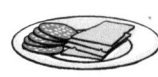

šudro mas
....
冷盤

konzerva
....
罐頭食品

thovimasko prašako
....
洗衣粉

gudlimata
....
甜食

khereske butya
....
日用品

užarimaske butya
....
清潔用品

bikinutno
....
銷售員

kasapi
....
收銀機

kasieri
....
收銀員

kinimaski patrin
....
購物清單

putarimaske satura
....
開放時間

lovengi tašna
....
錢包

kreditno kartica
....
信用卡

gono
....
袋子

plastikano gono
....
塑膠袋

pani

水

džus

果汁

thud

牛奶

kola

可樂

mol

紅酒

bira

啤酒

alkohol

酒

kakao

可可

čaj

茶

kafa

咖啡

espresso

義式濃縮咖啡

cappuccino

卡布奇諾

banana

香蕉

phabaj

蘋果

portokali

柳丁

kavuni

西瓜

limoni

檸檬

karota

胡蘿蔔

sir

大蒜

bambusi

竹子

purum

洋蔥

gaba

蘑菇

akhora

堅果

humereske butya

麵條

špageti

義大利麵

rezo

米飯

salata

沙拉

čipsi

薯條

peke kompiria

炸馬鈴薯

pica

披薩餅

hamburger

漢堡

sendviči

三明治

kotleti

炸豬排

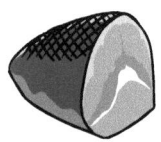

žamboni

火腿

salama

義大利臘腸

goja

香腸

khajnako mas

雞肉

peko

烤肉

mačho

魚

popara

燕麥片

musli

木斯里

kornfleks

玉米片

varo

麵粉

kroasani

牛角麵包

masesko rolati

麵包捲

maro

麵包

tosti

吐司

biskotia

餅乾

puteri

奶油

urda

凝乳

torta

蛋糕

jaro

蛋

peke jare

煎蛋

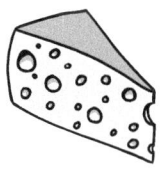

kiral

起司

šudro gudlo

冰淇淋

šekeri

糖

avgin

蜂蜜

džem

果醬

čokoladaki krema

巧克力醬

kari

咖哩

farma
農場

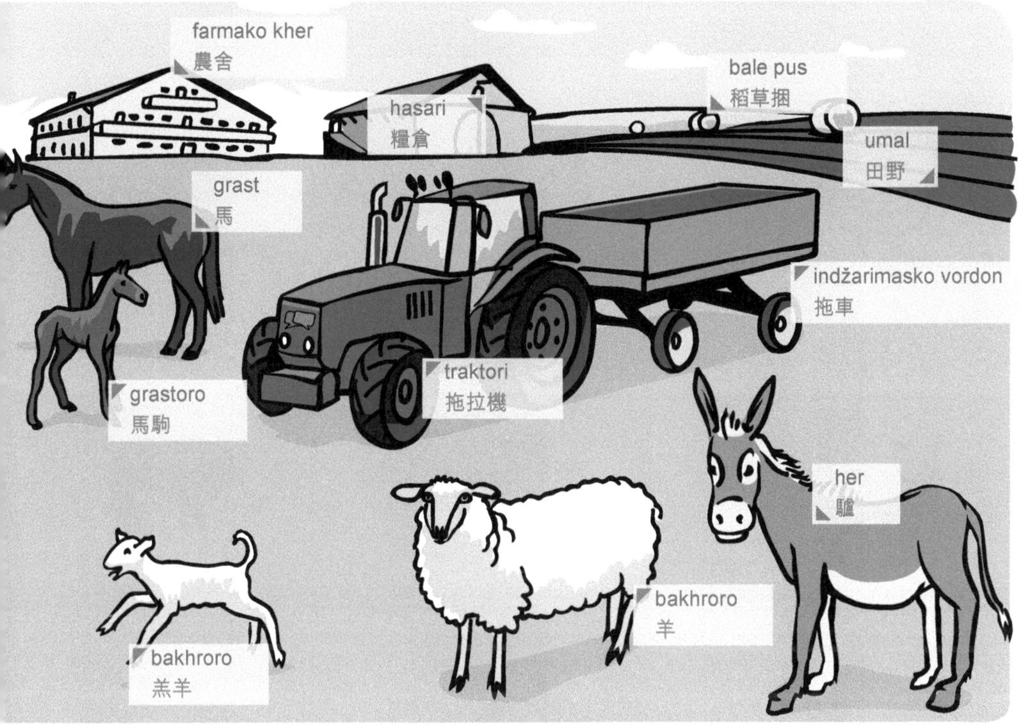

farmako kher
農舍
hasari
糧倉
bale pus
稻草捆
umal
田野
grast
馬
indžarimasko vordon
拖車
traktori
拖拉機
grastoro
馬駒
her
驢
bakhroro
羊
bakhroro
羔羊

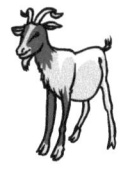

buzno

山羊

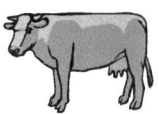

guruvni

奶牛

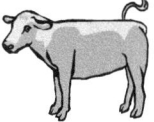

guruvoro

小牛

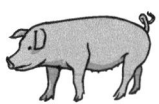

balo

豬

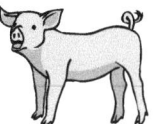

baloro

小豬

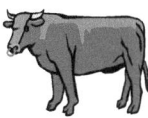

guruv

公牛

papin

鵝

payka

鴨

pilička

小雞

khayni

母雞

bašno

公雞

baro germuso

鼠

bilika

貓

germuso

老鼠

guruv

牛

džukel

狗

džukelesko kher

狗屋

žardina

花園澆水軟管

panyarimaski kanta

澆水壺

aindžako kidimasko alati

長柄大鐮刀

plugo

犁

srpo

鐮刀

motika

鋤頭

aindžaki vilyuška

長柄草耙

tover

斧頭

vordonoro phiravutno

獨輪手推車

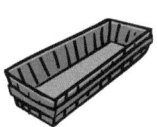

balani

飼料槽

thudeski šiša

牛奶罐

harari

麻布袋

trujalutni

柵欄

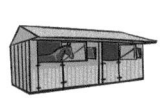

jahri

馬廄

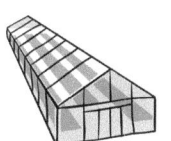

haryalo kher

溫室

phuv

土壤

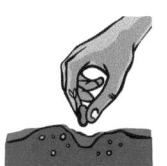

seme

種子

gyubre

肥料

aindžako kidipe

聯合收割機

kidibe aindž

收割

harmani

收割

phuvaki phabaj

地瓜

giv

小麥

soja

大豆

kompiri

土豆

mumuruzi

玉米

šarlagani

油菜籽

emišengo kašt

果樹

Kasava

樹薯

giveskere javinlukoja

穀物

kher
房子

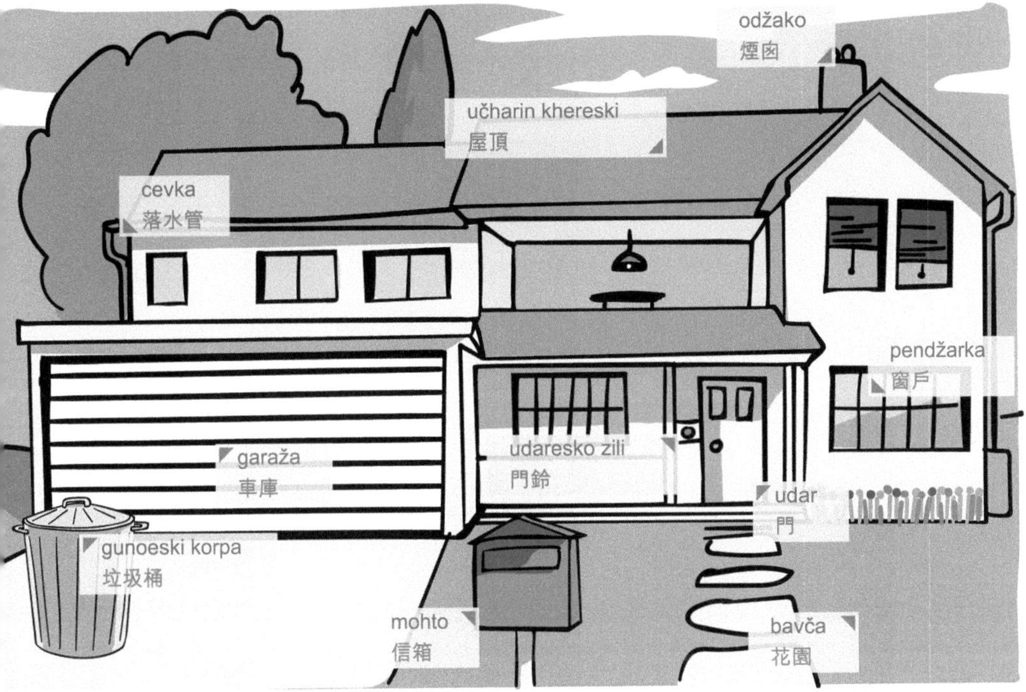

odžako
煙囪
učharin khereski
屋頂
cevka
落水管
pendžarka
窗戶
garaža
車庫
udaresko zili
門鈴
udar
門
gunoeski korpa
垃圾桶
mohto
信箱
bavča
花園

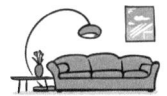

bešimaski kamara

客廳

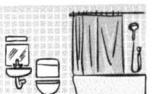

banya

浴室

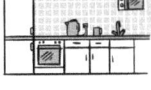

kujna

廚房

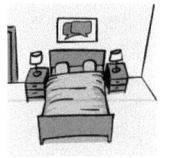

sovimasko than

臥室

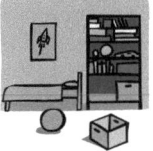

čhavengi kamara

兒童房

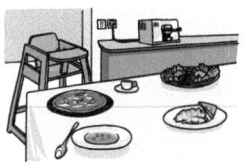

than hajbaske rakjako habe

餐廳

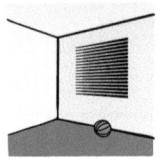

kati

地板

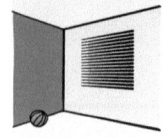

duvari

牆壁

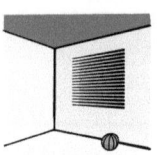

tavano

天花板

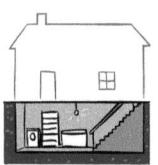

špajzi

地窖

sauna

三溫暖

terasa

陽臺

terasa

露臺

bazeni

游泳池

čar harnyarimaski makina

割草機

patrin

被單

čaršafia

床罩

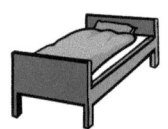

kreveto

床

šulavni

掃帚

korpa

水桶

elektrikani phabarin

開關

bešimaski kamara
客廳

tapeta
壁紙
tasviri
相片
lamba
檯燈
rafti
擱架
ormari
櫥櫃
televiziya
電視
jagako than
壁爐
luludi
花
šerand
墊子
sofa
沙發
vazna
花瓶
durutni komanda
遙控器

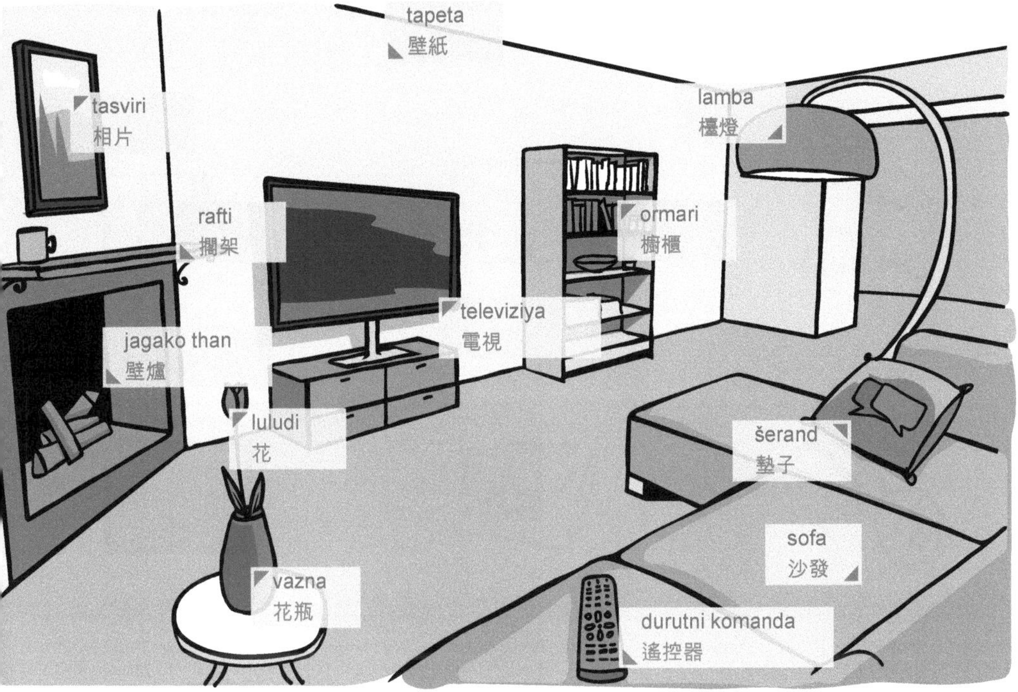

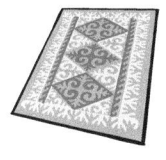

kilimi

地毯

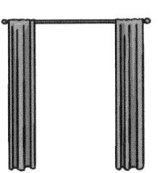

perde

窗簾

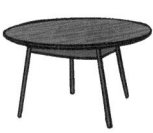

masa

餐桌

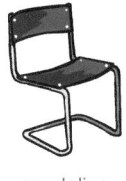

sandaliya

椅子

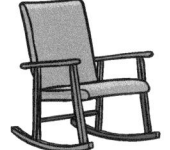

kunajka sandaliya

搖椅

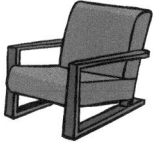

fotelya

扶手椅

lil

書

kebe

毯子

dekoraciya

裝飾品

kašta phabarimaske

木柴

filmi

電影

stereo ašunimaske butya

高傳真音響

nahtari

鑰匙

gazeta

報紙

frčaja bojakeribe

油畫

posteri

海報

radio

收音機

hramovimasko bloko

筆記本

elektrikani šulavni

吸塵器

kaktusi

仙人掌

momoli

蠟燭

kujna
廚房

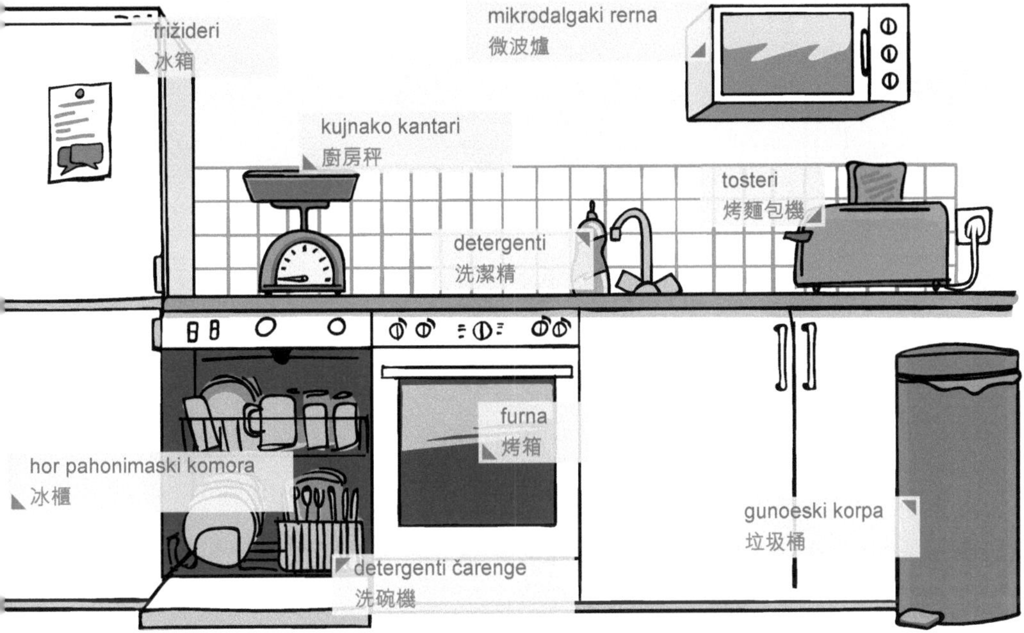
frižideri
冰箱
mikrodalgaki rerna
微波爐
kujnako kantari
廚房秤
tosteri
烤麵包機
detergenti
洗潔精
furna
烤箱
hor pahonimaski komora
冰櫃
gunoeski korpa
垃圾桶
detergenti čarenge
洗碗機

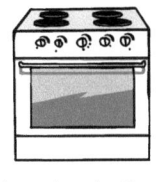

keravimasko than
炊具

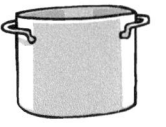

čaro
鍋

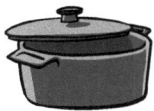

sastrnali tendžera
鑄鐵鍋

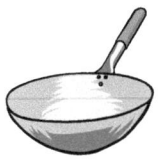

vok cihani
炒鍋

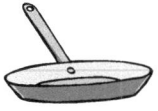

tava
平底鍋

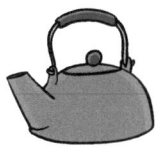

elektrikano bokali
水壺

tendžera ki para

蒸鍋

tepsija

烤盤

čare

陶瓷鍋

bareder fildžano

馬克杯

čaro

碗

kinakere habaskere kaštore

筷子

fioka

長柄勺

špatula

鏟子

vastesko mikseri

攪拌器

cedimasko čaro

濾網

porizen

篩子

rende

磨碎機

avano

研缽

skara

燒烤

puteribe jag

明火

čhinimaski tabla

菜板

oklagia

擀麵杖

puterimasko alati

開瓶器

konzerva

罐子

konzervako puterutno

開罐器

čaresko ikerutno

隔熱手套

lavabo

水槽

frča

刷子

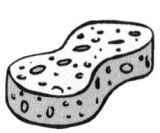

sungeri

海綿

mikseri

攪拌機

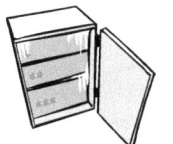

hor pahonimasko frižideri

冷藏箱

bebeski šiša

奶瓶

češma

水龍頭

banya

浴室

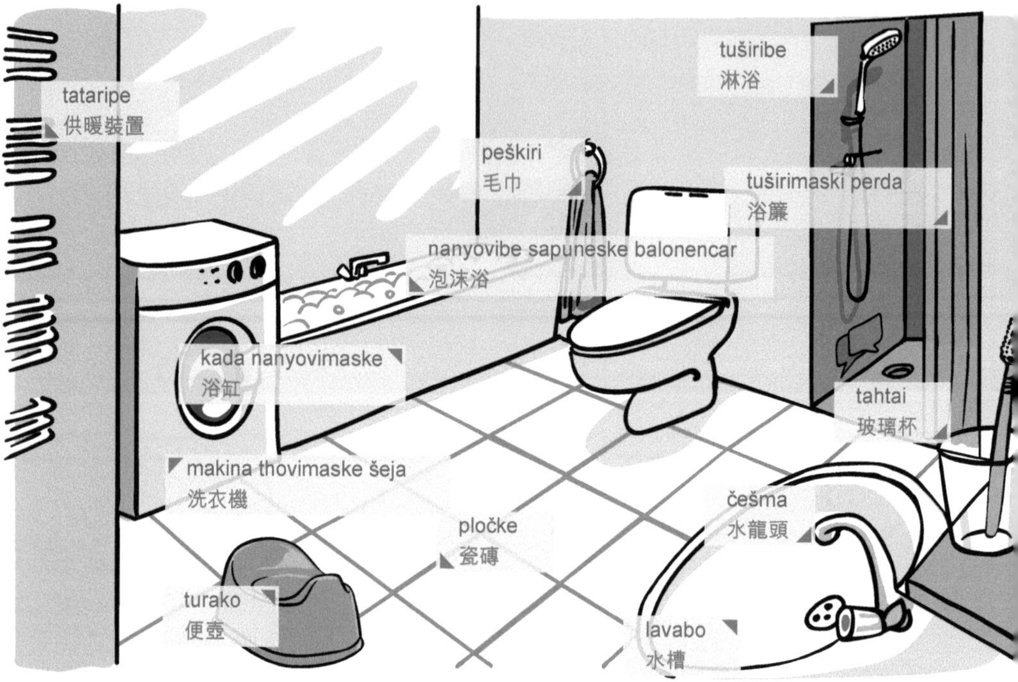

tataripe
供暖裝置

tuširibe
淋浴

peškiri
毛巾

tuširimaski perda
浴簾

nanyovibe sapuneske balonencar
泡沫浴

kada nanyovimaske
浴缸

tahtai
玻璃杯

makina thovimaske šeja
洗衣機

češma
水龍頭

pločke
瓷磚

turako
便壺

lavabo
水槽

toaleti	toaleti bešimasa ko pundre	bide
廁所	蹲便器	坐浴器
pisoari	toaletesko lil	frča toaleteske
小便斗	廁紙	馬桶刷

danda thovimaski frča

牙刷

danda thovimaski krema

牙膏

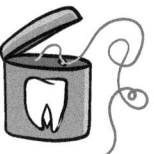

dandesko thav

牙線

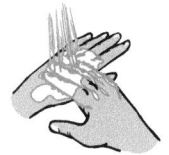

thovibe danda

洗

vasteskoro tuši

手持式蓮蓬頭

tuši

沖洗器

lavabo

洗臉盆

dumeski frča

洗背刷

sapuni

肥皂

tuširimasko geli

沐浴露

šamponi

洗髮乳

flanela

法蘭絨

kada ćidimaske pani

排水

krema

乳霜

dezodoransi

除臭劑

ajna

鏡子

vasteski ajna

手鏡

žileti moravimaske

刮鬍刀

moravimaski pena

刮鬍泡沫

palal muravimaski krema

鬚後水

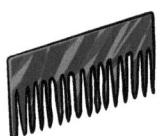

kanglik

梳子

frča

刷子

feni balenge

吹風機

sprej balenge

噴髮定型劑

šminka

化妝品

karmini

唇膏

oja najenge

指甲油

pamuko pošom

化妝棉

kata najenge

指甲剪

parfemi

香水

gono thovimaske

洗漱包

sandaliya

凳子

tereziya

計重秤

bademantili

浴袍

gumena kalcunya

橡膠手套

tamponi

衛生棉條

toaletno lil

衛生棉

hemikano toaleti

化學廁所

čhavengi kamara
兒童房

alarmesko sato
鬧鐘
mangli khelutni
毛絨玩具
vordonora khelimaske
玩具車
tropalka
撥浪鼓
bebedžikongo kher
玩具屋
bakšiši
禮物

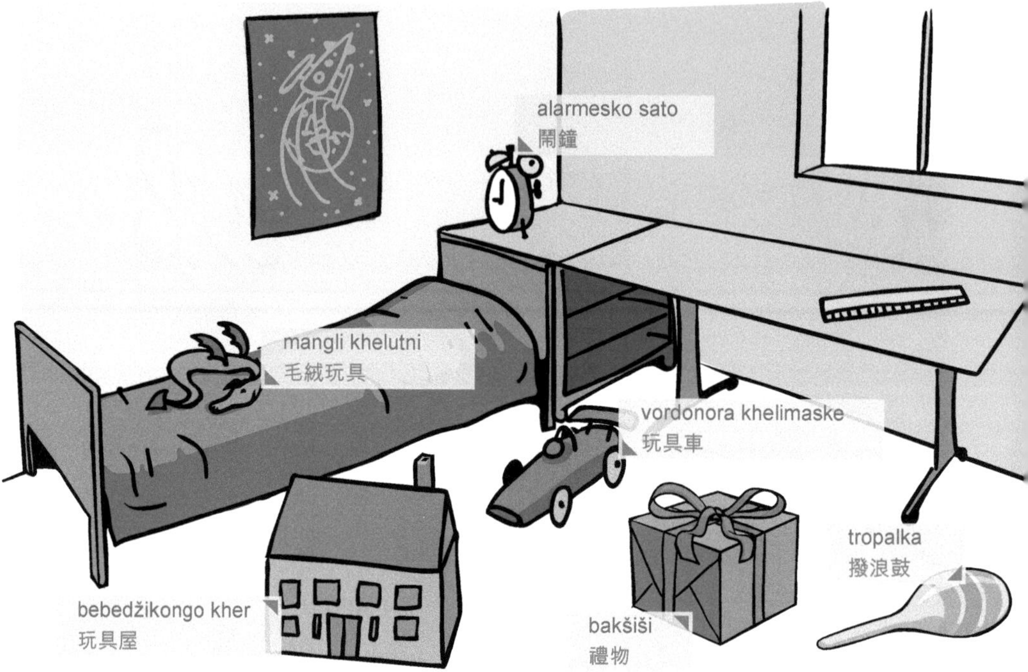

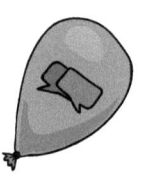

baloni

氣球

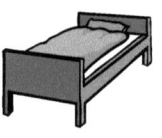

kreveto

床

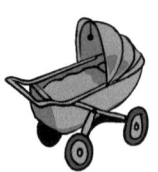

bebengo vordon

嬰兒車

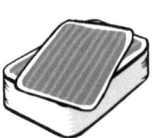

špili karte

撲克牌

ker-rumin khelin

拼圖

SUPER
MEGA

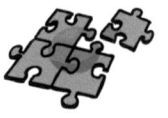

komikano lil

漫畫

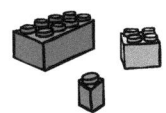

lego kocke

樂高積木

kocke khelimaske

積木玩具

akciaki figura

公仔

bodi bebeske

嬰兒服

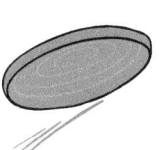

frizbi

飛盤

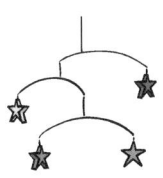

mobile

床鈴玩具

masa khelimaske

棋盤遊戲

zari

骰子

pampuri khelimaske

火車模型

cucla

安撫奶嘴

bahlana

派對

tasvirengo lil

繪本

topka

球

bebedžiko

洋娃娃

khelibe

玩

pošikako than

沙坑

kuna

鞦韆

khelimaske butya

玩具

konzola video khelimaske

電玩遊戲

triciklo

三輪車

poftaneski ričini

泰迪熊

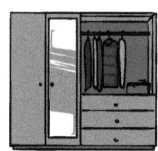

garderoba

衣櫃

šeja

衣服

kalcunya

襪子

khuvde kalcunya

長襪

hulahopke

緊身褲

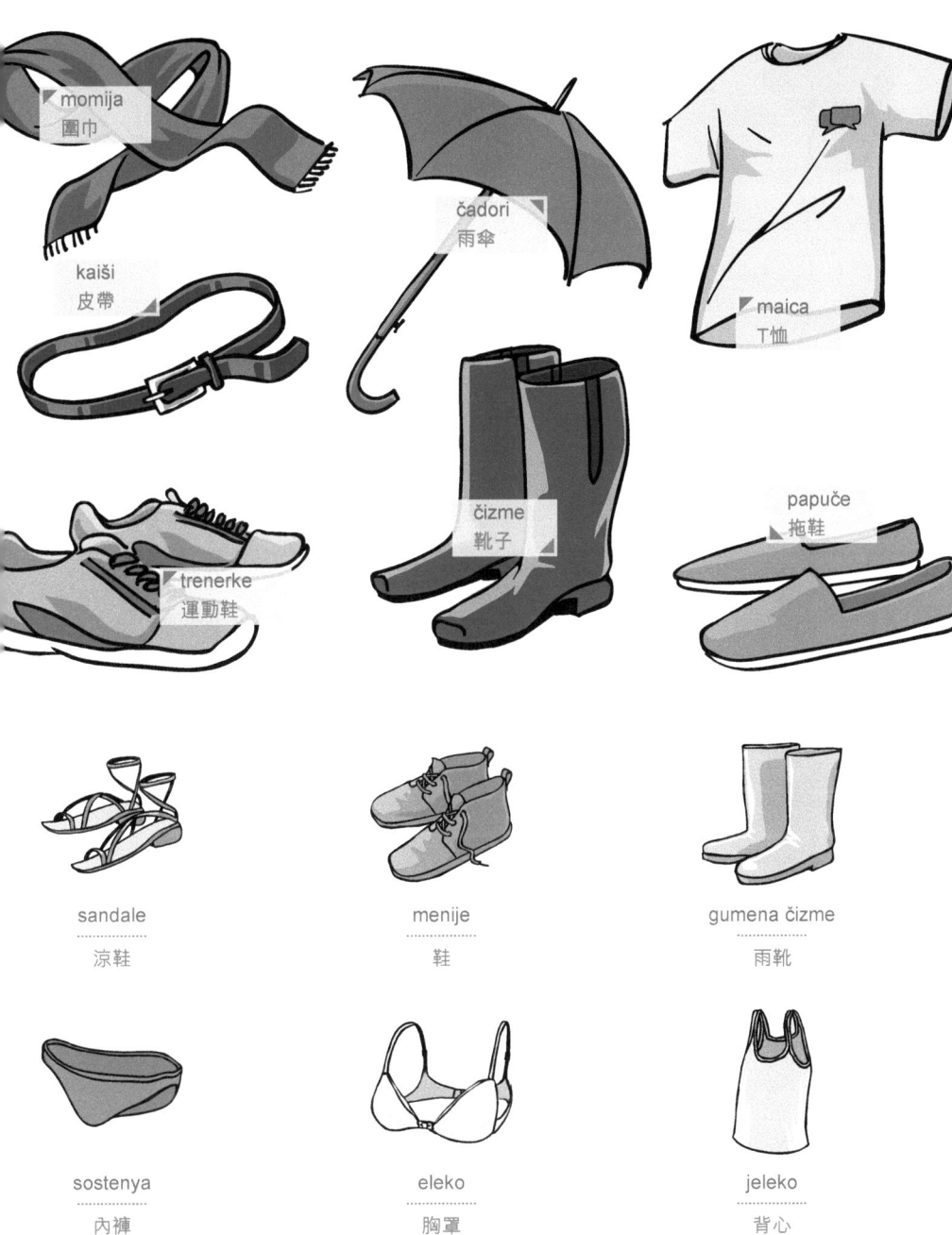

momija
圍巾

kaiši
皮帶

čadori
雨傘

maica
T恤

čizme
靴子

papuče
拖鞋

trenerke
運動鞋

sandale
涼鞋

menije
鞋

gumena čizme
雨靴

sostenya
內褲

eleko
胸罩

jeleko
背心

bodi

身體

pantalonya

褲子

farmerke

牛仔褲

suknya

短裙

bluza

女式襯衫

gat

襯衫

puloveri

套頭衫

dukseri

連帽上衣

harno kaputi

西裝夾克

džeketi

夾克

kaputi

外套

biršimdesko mantili

雨衣

kostimi

套裝

fustano

連衣裙

prandinako fustano

婚紗

kostumi

西裝

rakjako fustano

睡袍

pižame

睡衣

sari

莎麗

momija šereske

頭巾

turbani

包頭巾

burka

波卡

kaftani

卡夫坦

abaya

(阿拉伯式)長袍

nangyovimaske šeja

泳衣

buxle pantolonya

男式泳褲

harne pantolonya

短褲

sporteske trenerke

運動服

kecelya

圍裙

vasteske kalcunya

手套

kopča

鈕扣

gjuzlukya

眼鏡

belegziya

手鏈

mirikle

項鍊

angrustik

戒指

čeni

耳環

stadik

便帽

kaputeski čiviya

衣架

stadik

帽子

kravata

領帶

patenti

拉鍊

kaciga

安全帽

dandenge proteze

背帶

školaki uniforma

校服

uniforma

制服

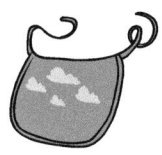

ligarka

圍兜

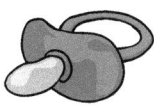

cucla

安撫奶嘴

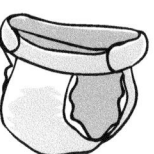

pherno

尿布

ofiso

辦公室

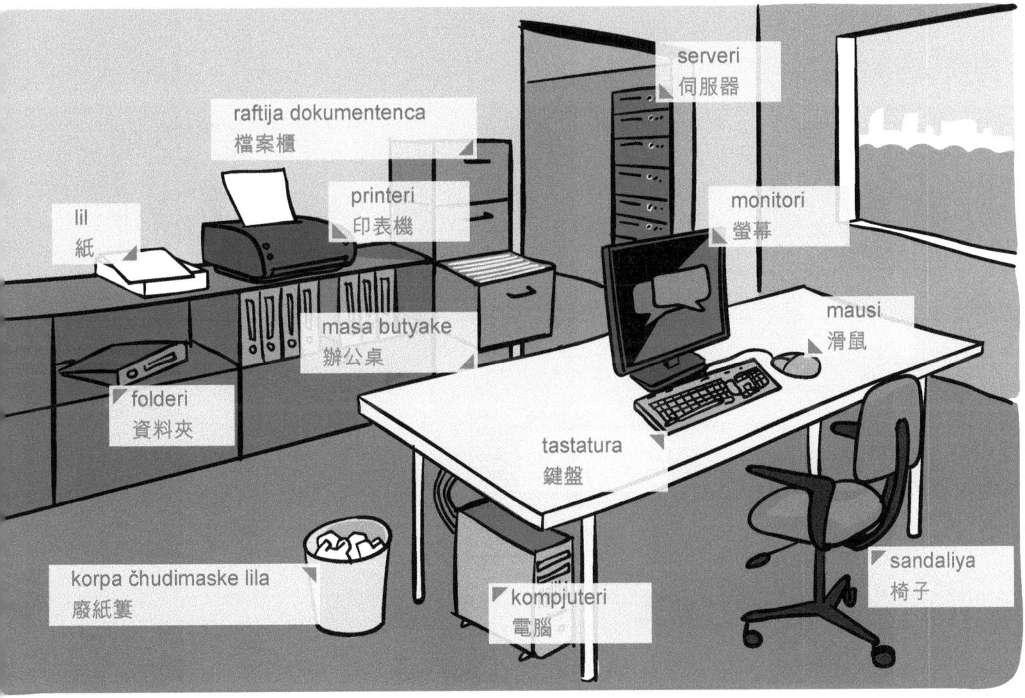
serveri
伺服器
raftija dokumentenca
檔案櫃
printeri
印表機
lil
紙
monitori
螢幕
mausi
滑鼠
masa butyake
辦公桌
folderi
資料夾
tastatura
鍵盤
sandaliya
椅子
korpa čhudimaske lila
廢紙簍
kompjuteri
電腦

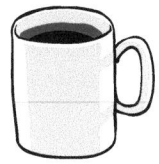

fildžano kafake

咖啡杯

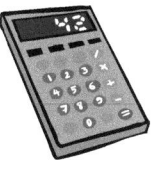

kalkulatori

計算機

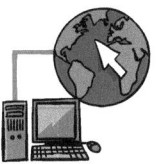

internet

網際網路

laptop

筆記型電腦

lil

信件

mesaži

簡訊

mobilno telefono

行動電話

netvorko

網路

kopirimaski makina

影印機

softveri

軟體

telefono

電話

štekeri

插座

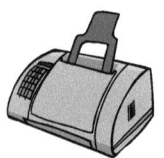

faks makina

傳真機

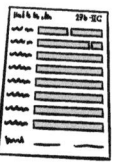

formulari

表格

dokumento

檔案

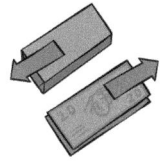

kinibe

買

pokinibe

付錢

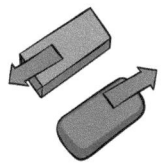

kino-bikinibe

交易

love

現金

dolari

美元

euro

歐元

jeni

日元

rublya

盧布

švajcariako franko

瑞士法郎

renminbi juan

人民幣

rupija

盧比

lovengo automati

提款處

biro baši devize

外幣兌換處

somnakaj

金

rup

銀

petroli

石油

energia

能源

fiyati

價格

kontrakto

合約

taksa

稅金

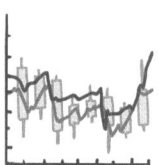

berzaki akcija

股票

butikeribe

工作

butyarno

職員

butyako dendutno

老闆

fabrika

工廠

dukyano

商店

profesie
職業

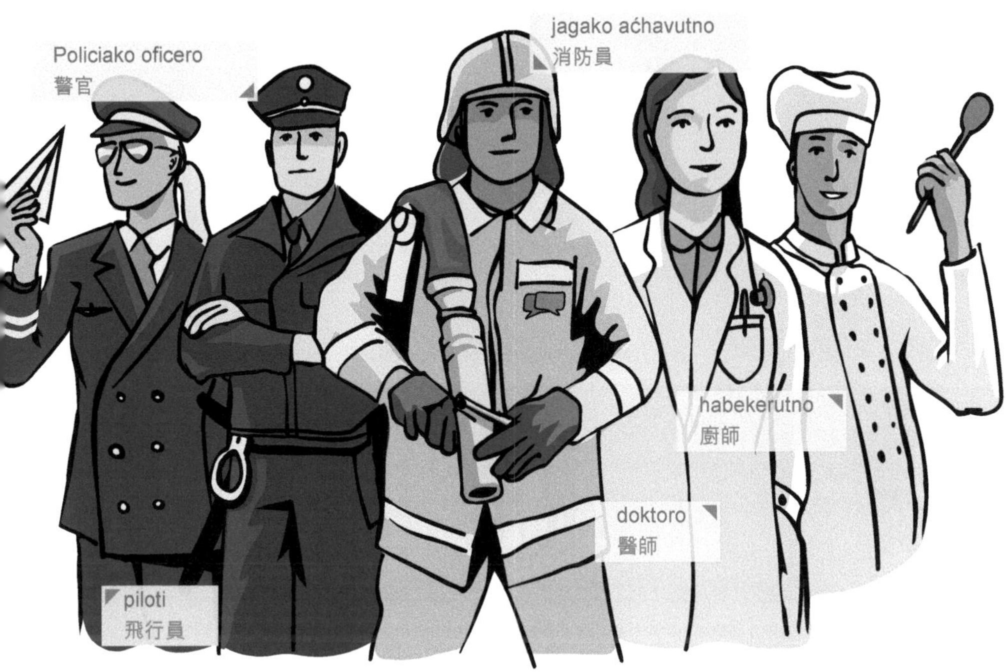
jagako aćhavutno
消防員
Policiako oficero
警官
habekerutno
廚師
doktoro
醫師
piloti
飛行員

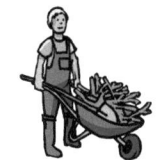

bavčako butyarno
園丁

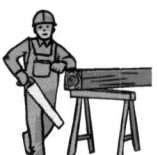

tišleri
木匠

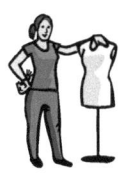

šnajderka
裁縫

krisuno
法官

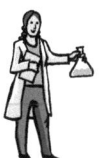

hemičari
化學家

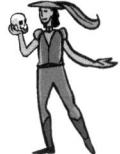

akteri
演員

autobusesko šoferi

公車司機

taksisti

計程車司機

mačhengo astarutno

漁夫

užarutni

清洗女工

učharinengo kerutno

屋頂工

kelneri

服務生

avdžija

獵人

tasvirkerutno

畫家

furnadžia

麵包師

elektrikako phirno

電工

tamirutno

建築工人

inžinjeri

工程師

kasapi

屠夫

panjesko butyarno

水管工

poštari

郵差

askeri

士兵

arhitekto

建築師

kasieri

收銀員

luludyari

花農

frizeri

理髮師

kondukteri

售票員

mekanisti

機械技師

kapetani

船長

dandengo saslyarno

牙醫

vigjanalo manuš

科學家

rabini

拉比

imami

伊瑪目

rašaj

和尚

rašaj

牧師

alatia

工具

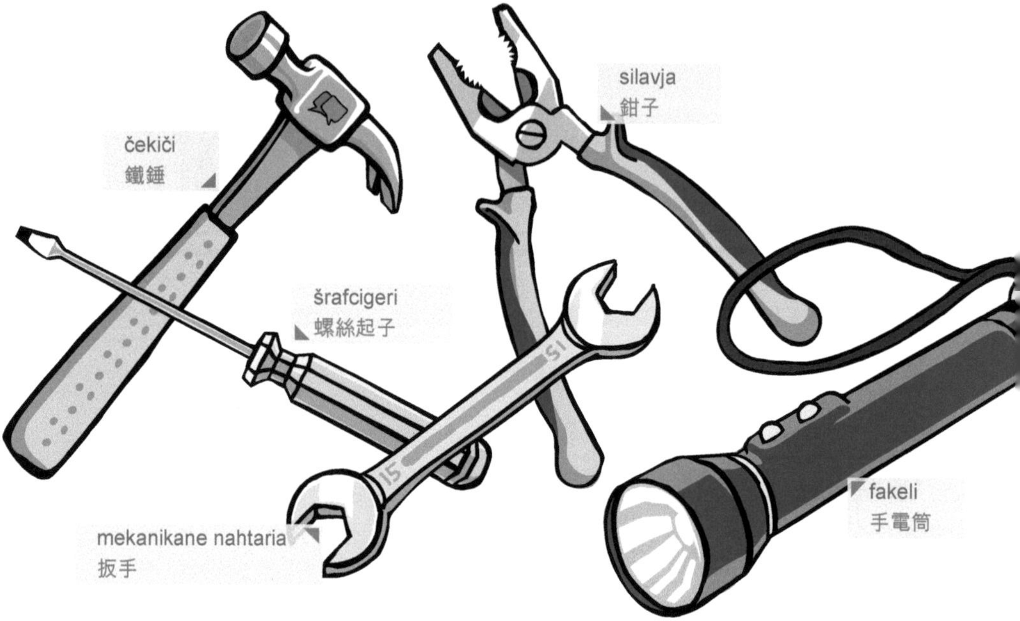

čekiči
鐵錘
šrafcigeri
螺絲起子
silavja
鉗子
mekanikane nahtaria
扳手
fakeli
手電筒

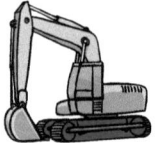

hrandimasko alati
挖掘機

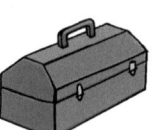

alateski kutia
工具箱

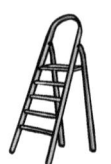

merdeveni
梯子

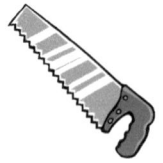

pila
鋸子

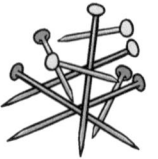

karfa
釘子

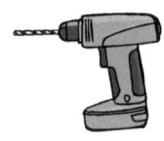

posavin
鑽機

lačharkeribe

修

lopata

鏟子

Naleti!

糟糕！

vatrali

畚箕

lonco bojimaske

油漆桶

šrafja

螺絲

muzikane instrumentia

樂器

bare avazesko šunutno
揚聲器

davulenge butya
打擊樂器

gitara
吉他

duplo bas
低音提琴

truba
小號

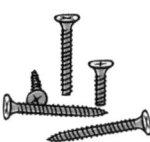

piano

鋼琴

kemana

小提琴

bas

貝斯

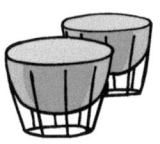

timpani

定音鼓

davulia

鼓

sintisajzeri

電子琴

saksafoni

薩克斯風

flejta

長笛

mikrofoni

麥克風

ZOO
動物園

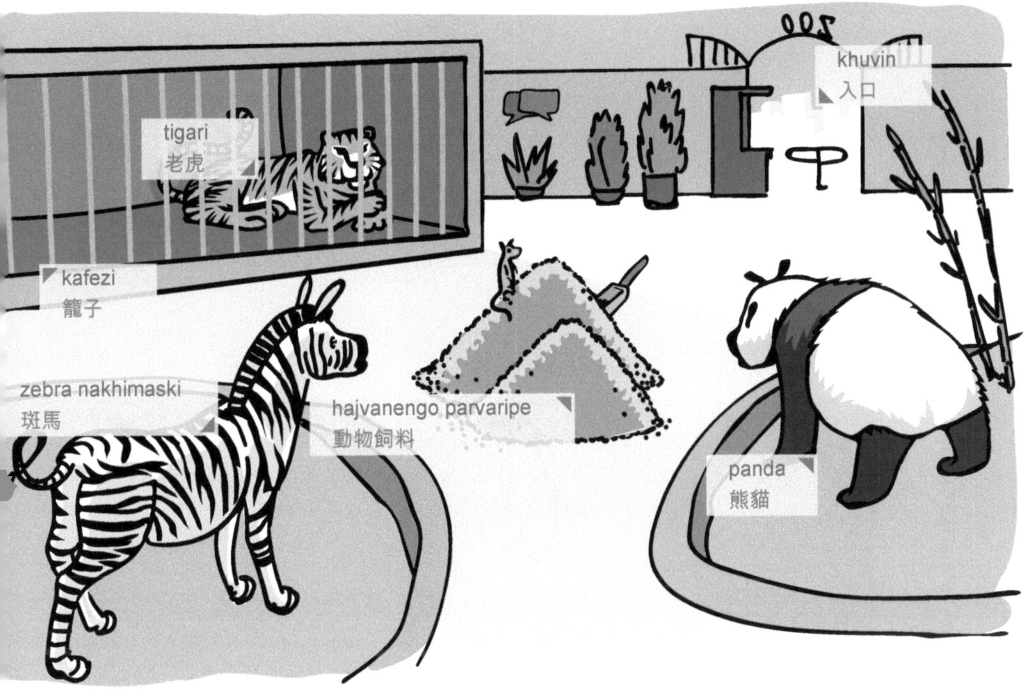
khuvin
入口
tigari
老虎
kafezi
籠子
zebra nakhimaski
斑馬
hajvanengo parvaripe
動物飼料
panda
熊貓

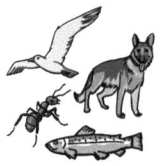

hajvania

動物

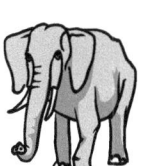

elefanti

大象

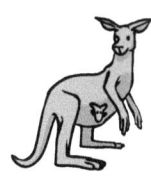

kenguri

袋鼠

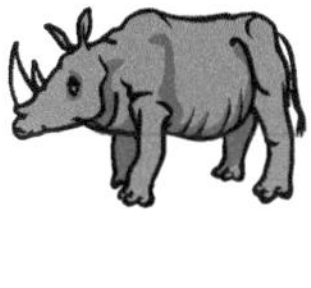

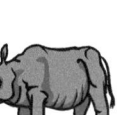

rino

犀牛

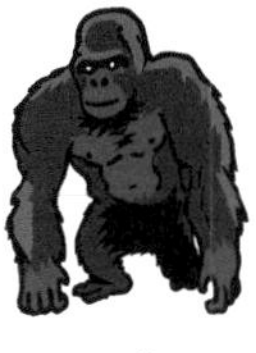

gorila

大猩猩

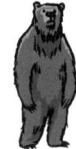

ričini

熊

kamila

駱駝

ostriga

鴕鳥

aslani

獅子

majmuni

猴子

flamingo

紅鶴

papagali

鸚鵡

polarno ričini

北極熊

pingvini

企鵝

ajkula

鯊魚

pauno

孔雀

sap

蛇

krokodilo

鱷魚

zoo arakhutno

動物園管理員

foka

海豹

jaguari

美洲豹

poni

矮種馬

leopardi

豹

hipo

河馬

žirafa

長頸鹿

zorale kandžengi paškin

老鷹

bali

野豬

mačho

魚

želka

龜

morži

海象

lumri

狐狸

gazela

羚羊

Amerikako fudbali
橄欖球

biciklizmo
騎腳踏車

tenis
網球

basketboli
籃球

nangjovibe
游泳

boksi
拳擊

hokej ko paho
冰球

fudbali

美式足球

badmington

羽毛球

atletika

田徑

vasteskoboli

手球

skiibe

滑雪

polo

馬球

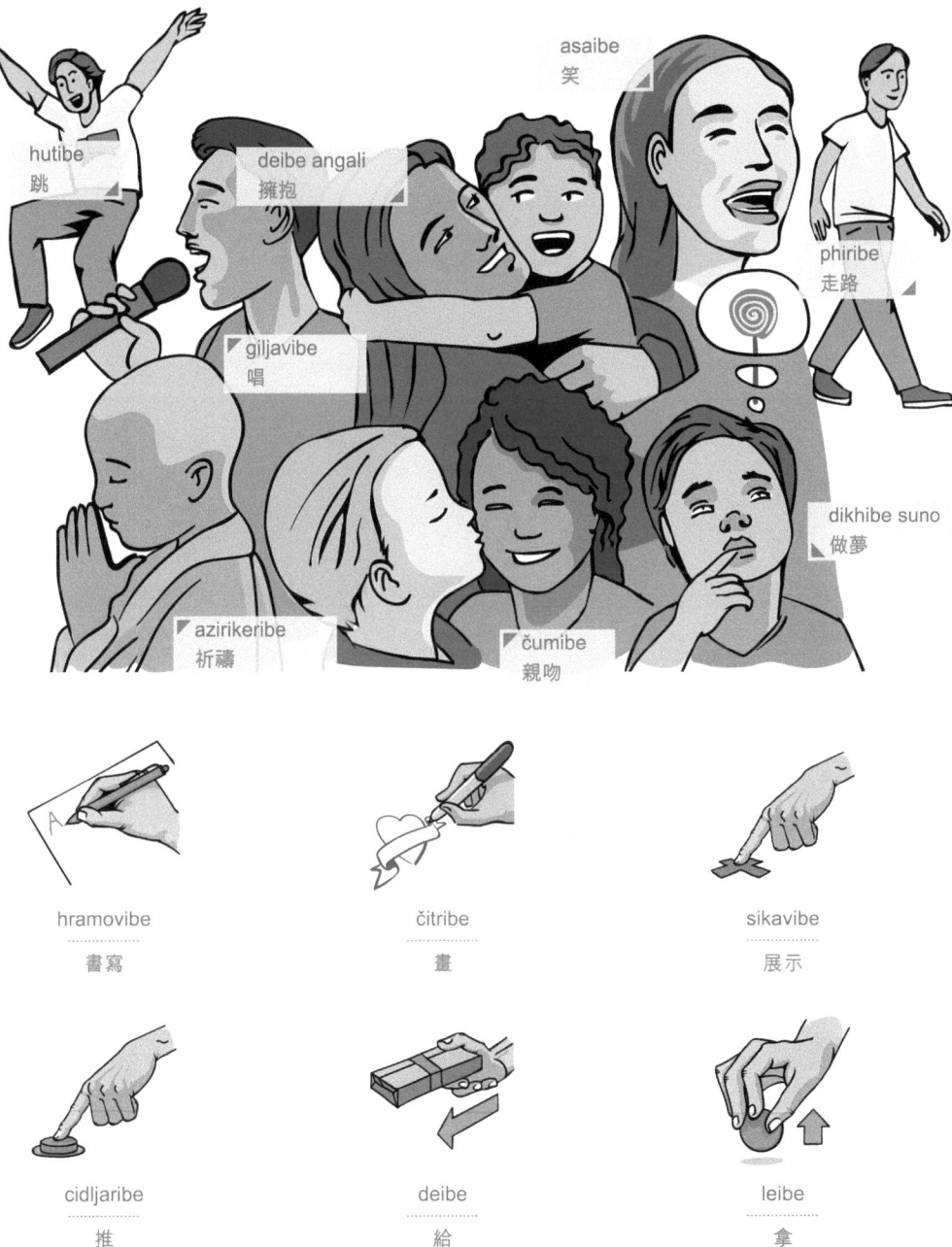

hutibe
跳

asaibe
笑

deibe angali
擁抱

phiribe
走路

giljavibe
唱

dikhibe suno
做夢

azirikeribe
祈禱

čumibe
親吻

hramovibe

書寫

čitribe

畫

sikavibe

展示

cidljaribe

推

deibe

給

leibe

拿

isibe

有

keribe

做

te ovel

當

tergyovibe

站

prastaibe

跑

cidibe

拉

čhudibe

丟

peribe

摔倒

hovavibe

躺

adžikeribe

等待

phiravibe

攜帶

bešibe

坐

urjavibe

穿衣

sovibe

睡覺

džangavibe

醒來

dikhibe ko

看

rovibe

哭

čalavibe

擊

uhlavibr

梳頭

vakeribe

交談

haljovibe

明白

puč

問

šunibe

聽

piibe

喝

habe

吃

užaribe

清理

kamibe

愛

keribe habe

做飯

paldibe vordon

開車

urjalibe

飛

vaporea džaibe

航行

kalkulirin

計算

drabaribe

讀

sikljovibe

學習

butikeribe

工作

prandibe

結婚

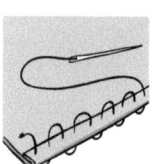

suvibe

縫

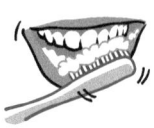

thovibe danda

刷牙

mudaribe

殺

piibe dahani

抽菸

bičhalibe

寄

mami
祖母

papu
祖父

dat
父親

daj
母親

bebe
嬰兒

čhaj
女兒

čhavo
兒子

misafiri

客人

bibi

阿姨

kako

叔叔

phral

兄弟

phen

姐妹

trupo

身體

čekat
前額
jakh
眼睛
piko
肩膀
naj
手指
muj
臉
vilica
下巴
vast
手
pundro
腿
čuči
乳房
musik
手臂

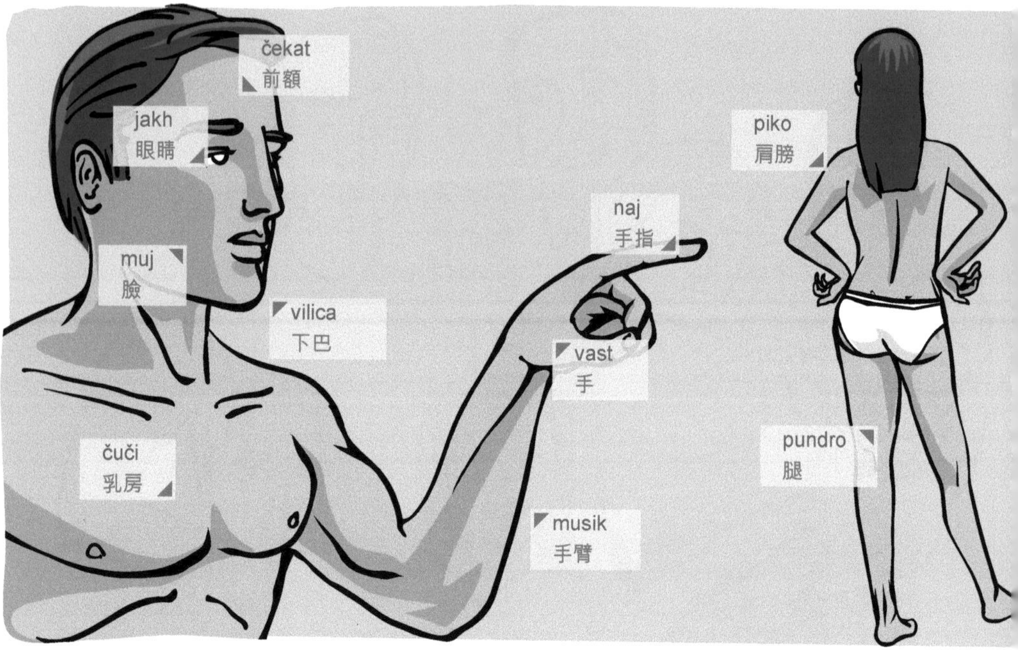

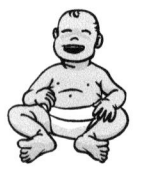

bebe

嬰兒

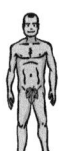

murš

男人

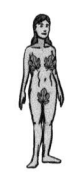

džuvli

女人

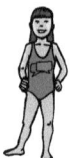

čhaj

女孩

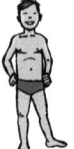

ćhavo

男孩

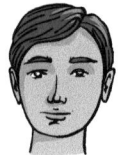

šero

頭

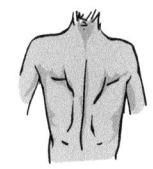

dumo

背部

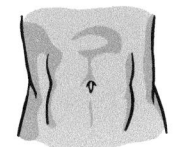

maškar

肚子

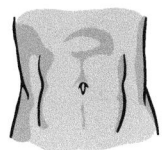

pupko

肚臍

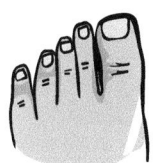

pundrenge naja

腳趾

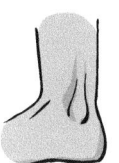

patum

腳後跟

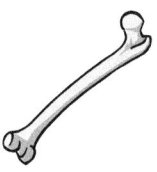

kokalo

骨頭

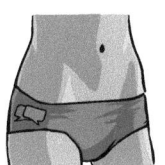

kuko

臀部

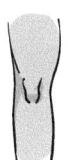

koč

膝蓋

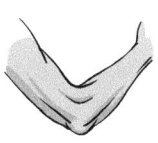

lahci

手肘

nakh

鼻子

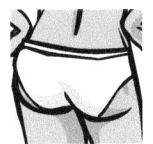

bul

屁股

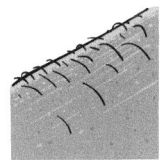

mortik

皮膚

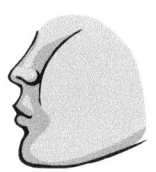

čham

臉頰

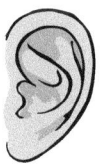

kan

耳朵

voš

嘴唇

trupo - 身體

muj

嘴

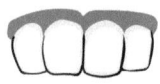

danda

牙齒

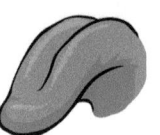

ćhib

舌頭

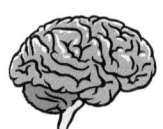

godi

腦

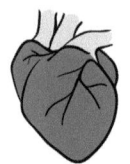

vilo

心臟

muskulo

肌肉

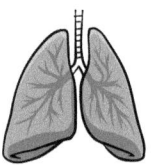

kolin

肺

buko

肝臟

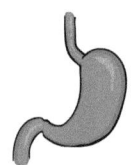

vogi

胃

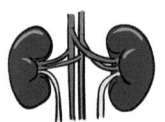

bubrekora

腎臟

seks

性交

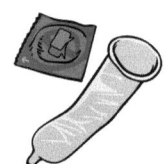

kondomi

保險套

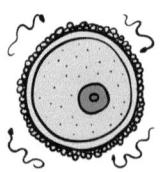

yarengi kletka

卵子

sperma

精子

khamnipe

懷孕

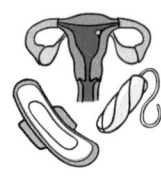

menstruaciya

月事

vagina

陰道

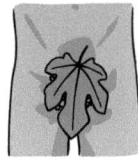

penis

陰莖

phov

眉毛

bala

頭髮

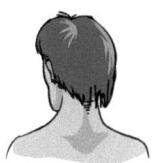

men

脖子

trupo - 身體

hospitalo
醫院

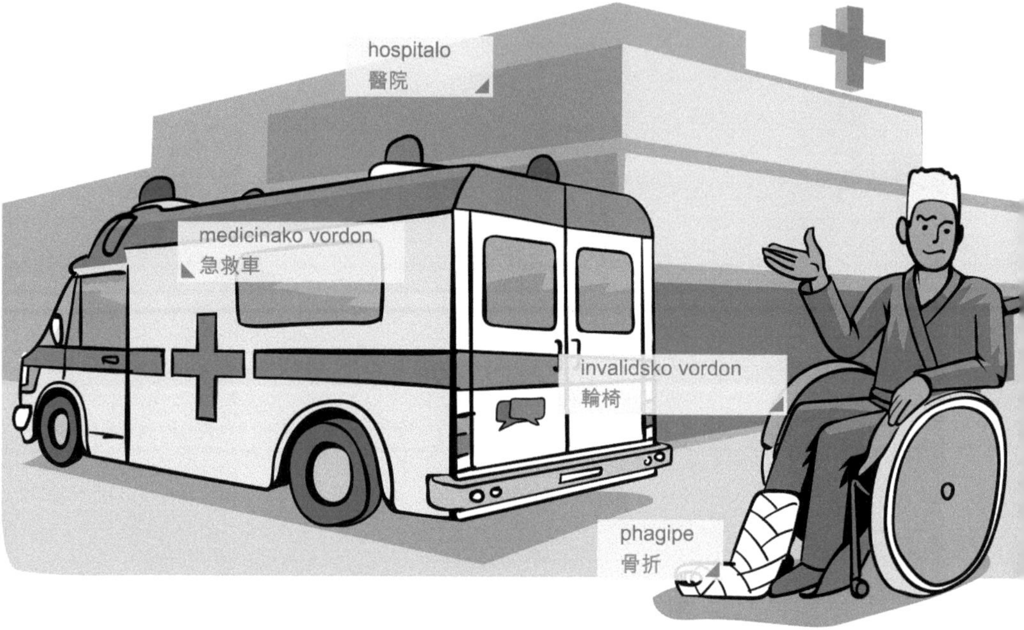

hospitalo
醫院
medicinako vordon
急救車
invalidsko vordon
輪椅
phagipe
骨折

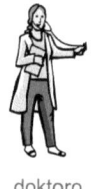

doktoro
醫師

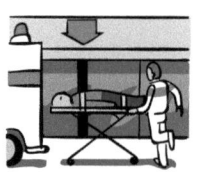

sigyarimaski kamara
急診室

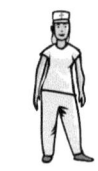

medicinaki phen
護理師

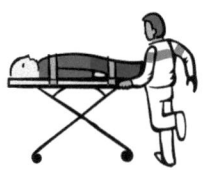

sigyaripen
緊急情形

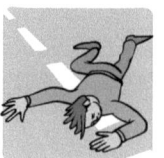

ki koma
昏迷

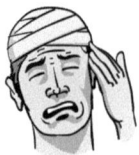

dukh
痛

dukhavipen

受傷

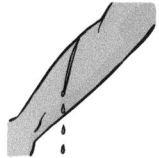

ratvaripe

出血

infrakto

心臟病發作

šlog

中風

alergiya

過敏

khuinibe

咳嗽

tinanipe

發燒

gripa

流感

diyarea

腹瀉

šereski dukh

頭痛

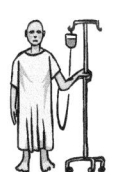

kanceri

癌症

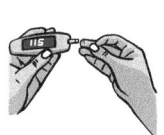

diyabetes

糖尿病

operaciya

外科醫師

skalperi

手術刀

operaciya

手術

CT

電腦斷層掃描

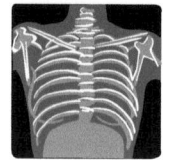

rentgen

X光

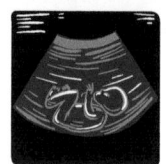

ultra avazo

超音波

mujeski maska

口罩

nasvalipe

疾病

adžukyarimasko than

候診室

paterica

拐杖

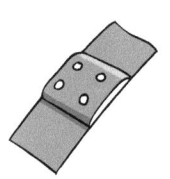

flastero

石膏

phandimaski gaza

繃帶

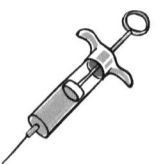

inyekciya

注射

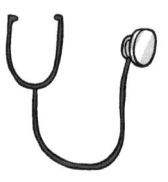

stetoskopo

聽診器

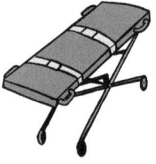

tregero

擔架

klinicko termometro

體溫計

biyanipe

出生

baro thulipe

超重

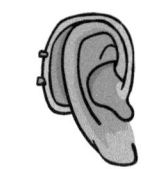

ašunimasko aparato

助聽器

dezinfekciako

消毒液

infekciya

感染

viruso

病毒

HIV / SIDA

愛滋病

medicina

藥物

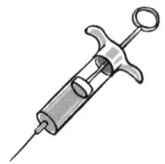

vakcinaciya

接種疫苗

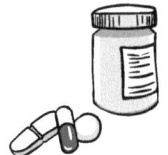

tabletura

藥片

hapi

藥丸

sigyarimasko akharipe

急救電話

monitori vaš učo pretisak

血壓計

nasvalo / sasto

生病/健康

Mažutisar!

救命！

alarmo

警報

atako

突擊

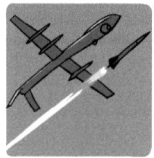

atako

攻擊

dar buti

危險

sigyarimasko iklyovipen

緊急出口

Bari jag!

失火了！

mamuj jagako aparati

滅火器

bibax

意外

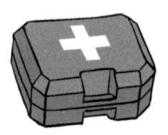

butya avgo ažutimaske

急救箱

SOS

呼救訊號

Policia

員警

Evropa

歐洲

Utarali Amerika

北美洲

Purabali Amerika

南美洲

Afrika

非洲

Azija

亞洲

Australia

澳洲

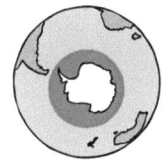

Atlantiko

大西洋

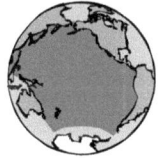

Pacifiko

太平洋

Indiako Okeano

印度洋

Antarktikosko Okeano

南冰洋

Arktikosko Okeano

北冰洋

Utaralo poli

北極

Purabalo poli

南極

Antarktiko

南極洲

phuv

地球

phuv

陸地

samudra

海

džaziri

島

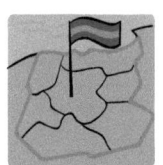

nacija

國家

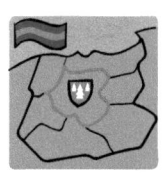

raštra

州

saatosko gendo

錶盤

saatoski sikavni

時針

dakikongi sikavni

分針

ekundarno saatoski sikavin

秒針

Kozom si o saato?

現在幾點？

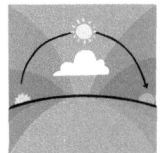

dive

天

vrama

時間

akana

現在

digitalno saato

電子錶

dakika

分

časo

時

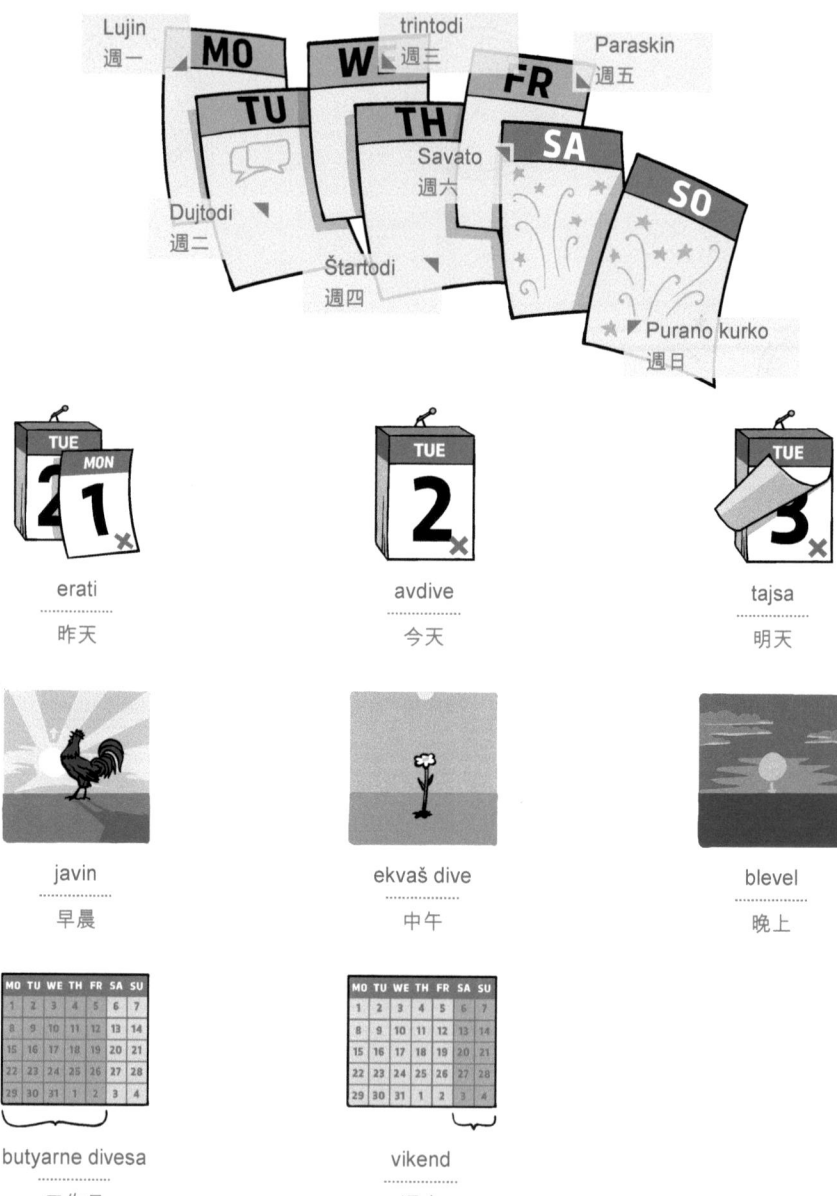

Lujin
週一

MO

TU

Dujtodi
週二

W
trintodi
週三

TH

Štartodi
週四

FR
Paraskin
週五

SA

Savato
週六

SO
Purano kurko
週日

erati
昨天

avdive
今天

tajsa
明天

javin
早晨

ekvaš dive
中午

blevel
晚上

butyarne divesa
工作日

vikend
週末

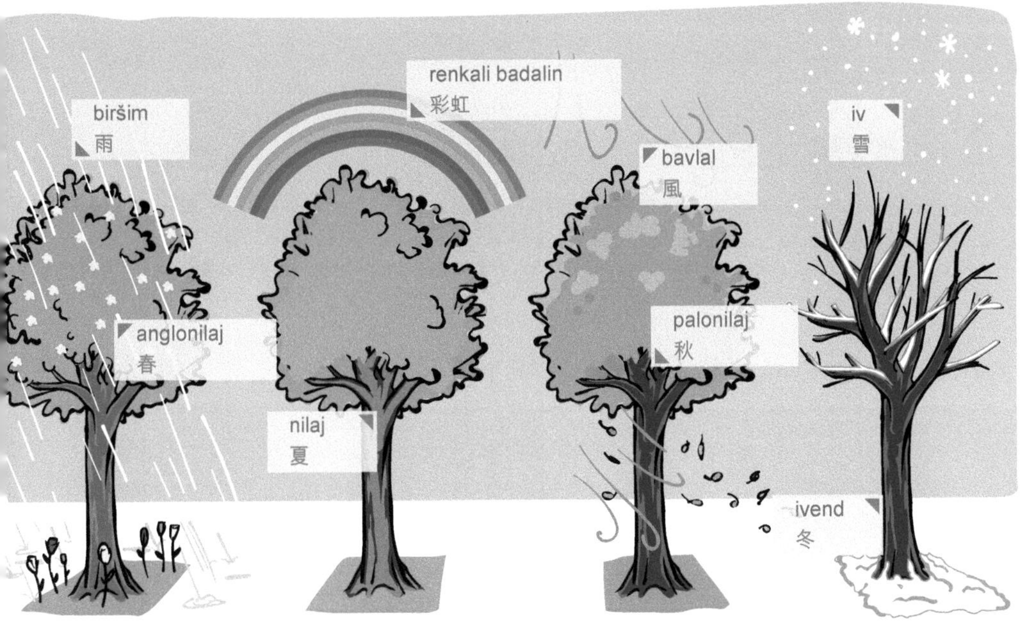

biršim
雨

renkali badalin
彩虹

bavlal
風

iv
雪

anglonilaj
春

palonilaj
秋

nilaj
夏

ivend
冬

vramakoro vakeribe

天氣預告

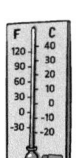

termometro

溫度計

khamalo

陽光

badal

雲

muhi

霧

nemlime hava

潮濕

šemšekoja

閃電

šemšekosko čalavibe

打雷

bura

風暴

kijameti

冰雹

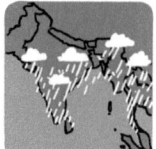

monsuni

季風

baro pani

洪水

paho

冰

Januaro

一月

Februaro

二月

Marto

三月

Aprilo

四月

Majo

五月

Juno

六月

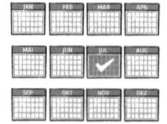

Julo

七月

Augusto

八月

berš - 年

Septembro
....
九月

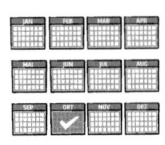

Oktombro
....
十月

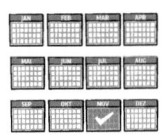

Novembro
....
十一月

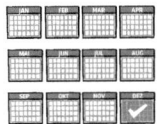

Dekembro
....
十二月

forme
形狀

rota
....
圓形

kvadrati
....
正方形

rektanglo
....
長方形

trianglo
....
三角形

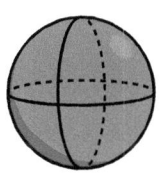

sfera
....
球體

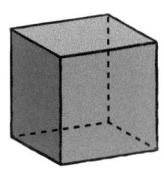

kocka
....
立方體

parni

白

galbeno

黃

pomarandža

橙

roze

粉

loli

紅

lila

紫

vunato

藍

harjali

綠

kafeno

棕

kuršumlija

灰

kali

黑

but / hari

很多/少許

holjame / mudro

生氣/平靜

šuži / bišuži

美/醜

starto / agor

首/尾

baro / tikno

大/小

puterde bojako / phanle bojako

明/暗

phral / phen

兄弟/姐妹

užo / melalo

乾淨/骯髒

sahno / bisahno

完整/缺失

dive / rat

白天/晚上

mulo / dživdo

死/生

buvlo / tank

寬/窄

hala pe / na hala pe

可食用/非食用

džungalo / šukar

邪惡/善良

bare vogjea / bi vogjea

興奮/無聊

thulo / kišlo

胖/瘦

avgo / paluno

第一/最後

amal / dušmani

朋友/敵人

pherdo / čučo

滿/空

zoralo / kovlo

硬/軟

pharo / lokho

重/輕

bokh / truš

餓/渴

nasvalo / sasto

生病/健康

ilegalno / legalno

非法/合法

godyaver / bigodyako

聰明/愚笨

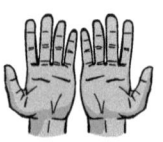

bajan / dahin

左/右

paše / dur

近/遠

nevo / purano

新/舊

khanči / vareso

沒有/有些

phuro / terno

老/幼

phabardo / ačhavdo

開/關

puterdo / phanlo

打開/闔上

mudro / bare avazeskoro

安靜/吵鬧

barvalo / čorolo

富/窮

čačutno / došalo

對/錯

zoralo / kovlo

粗糙/光滑

mazuni / lošalo

傷心/高興

skurto / lungo

短/長

pohari / sigate

慢/快

sapano / šuko

濕/乾

tato / šudro

溫暖/涼爽

mareba / sansari

戰爭/和平

0

zero

零

1

jek

一

2

duj

二

3

trin

三

4

štar

四

5

panč

五

6

šov

六

7

efta

七

8

ohto

八

9

enja

九

10

deš

十

11

dešujek

十一

12
dešuduj
十二

13
dešutrin
十三

14
dešuštar
十四

15
dešupanč
十五

16
dešušov
十六

17
dešefta
十七

18
dešohto
十八

19
dešenja
十九

20
biš
二十

100
šel
百

1.000
milja
千

1.000.000
milioni
百萬

Anglicko

英語

Americko Anglicko

美式英語

Kinesko Mandarinsko

普通話

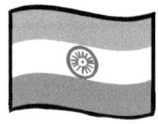

Indisko

印地語

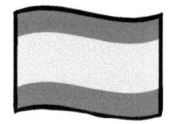

Špansko

西班牙語

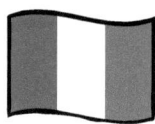

Francusko

法語

Arapsko

阿拉伯語

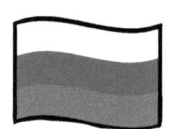

Rusko

俄語

Portugalsko

葡萄牙語

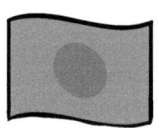

Bengalsko

孟加拉語

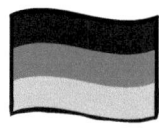

Nemicko

德語

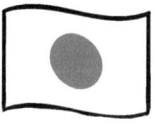

Japansko

日語

thaj

我

tu

你

ov / oj

他/她/它

amen

我們

tumen

你們

ola

他們

ko?

誰？

so?

什麼？

sar?

如何？

kote?

何處？

kana?

何時？

anav

名字

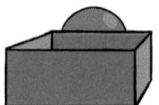

palal

後面

andre

裡面

anglal o

前面

upral

上方

an

上面

telal

下麵

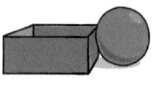

trujal

旁邊

maškaral

中間

than

地點